COMMENTAIRE PRATIQUE DE LA PROCÉDURE

INSTITUÉE PAR LA LOI DU 9 AVRIL 1898

SUR LA

RESPONSABILITÉ DES ACCIDENTS

DONT LES OUVRIERS

SONT VICTIMES DANS LEUR TRAVAIL

PAR

Charles FLEURY

GREFFIER DE JUSTICE DE PAIX
GRADUÉ EN DROIT

PARIS

IMPRIMERIE ET LIBRAIRIE GÉNÉRALE DE JURISPRUDENCE

MARCHAL et BILLARD

IMPRIMEURS-ÉDITEURS, LIBRAIRES DE LA COUR DE CASSATION

Maison principale : Place Dauphine, 27
Succursale : Rue Soufflot, 7

1899

COMMENTAIRE PRATIQUE DE LA PROCÉDURE

INSTITUÉE PAR LA LOI DU 9 AVRIL 1898

SUR LA

RESPONSABILITÉ DES ACCIDENTS

dont les ouvriers sont victimes dans leur travail

COMMENTAIRE PRATIQUE DE LA PROCÉDURE

INSTITUÉE PAR LA LOI DU 9 AVRIL 1898

SUR LA

RESPONSABILITÉ DES ACCIDENTS

DONT LES OUVRIERS

SONT VICTIMES DANS LEUR TRAVAIL

PAR

CHARLES FLEURY

GREFFIER DE JUSTICE DE PAIX
GRADUÉ EN DROIT

PARIS

IMPRIMERIE ET LIBRAIRIE GÉNÉRALE DE JURISPRUDENCE

MARCHAL ET BILLARD

IMPRIMEURS-ÉDITEURS, LIBRAIRES DE LA COUR DE CASSATION

Maison principale : Place Dauphine, 27
Succursale : Rue Soufflot, 7

1899

COMMENTAIRE PRATIQUE DE LA PROCÉDURE

INSTITUÉE PAR LA LOI DU 9 AVRIL 1898

SUR LA

RESPONSABILITÉ DES ACCIDENTS

DONT LES OUVRIERS

SONT VICTIMES DANS LEUR TRAVAIL

OBSERVATION

*Pour simplifier notre texte, nous avons évité de repro-
duire dans leur entier certaines séries de personnes ou de
choses que la loi énumère en plusieurs endroits, nous bor-
nant à prendre dans ces énumérations un mot pouvant représenter à lui seul toute la série des autres, tels que le mot
usine, au lieu de : industrie du bâtiment, usines, manufac-
tures, etc.,* l'ouvrier, le patron, *au lieu de : la victime ou ses
représentants,* le chef d'industrie ou ses préposés, etc.

Bien que le patron puisse être parfois demandeur *en
l'instance, nous avons toujours considéré l'ouvrier comme
demandeur, ce qui se présentera le plus souvent.*

Commentaire de la loi du 9 avril 1898.

CHAPITRE PREMIER
Indemnités accordées aux victimes des accidents.
ARTICLES 1 A 10.

La loi du 9 avril 1898, dite *de la responsabilité des accidents
dont les ouvriers sont victimes dans leur travail,* va se trouver
exécutoire. Il ne faut pas se le dissimuler, la nature des faits
qu'elle embrasse laisse à prévoir que, dès les débuts de sa
mise en pratique, elle ne peut manquer d'être appliquée. Il
importe donc que chacun des agents chargés de son fonction-

nement se pénètre bien des attributions qu'elle lui confère. C'est pourquoi nous nous sommes proposé d'analyser les obligations qu'elle impose à tous.

Exposons d'abord rapidement le but de cette loi.

Elle accorde, en cas d'accidents contractés à l'occasion du travail, aux ouvriers qu'elle désigne par son art. 1er, des indemnités à la charge du patron.

Le taux de ces indemnités est déterminé par l'art. 10, combiné avec l'art. 3 pour les ouvriers et l'art. 8 pour les apprentis.

Le patron doit, en outre, payer les frais médicaux, pharmaceutiques et funéraires (art. 4).

(Voir à ce sujet les remarques faites sur l'art. 15.)

Il est donc bon pour le patron d'affilier ses ouvriers à des sociétés de secours mutuels ou d'assurances ; il peut ainsi se décharger, disent les art. 5 et 6, pendant une période de 90 jours, de payer à ses ouvriers victimes d'accidents les indemnités ci-dessus énoncées.

Cela sera, pour le patron, plus avantageux que de compter sur le recours, souvent illusoire, que lui offre l'art. 7 de faire supporter la charge de ces indemnités par l'auteur de l'accident.

L'art. 9 permet à l'ouvrier de demander que le quart du capital nécessaire à l'établissement de la rente lui soit attribué en espèces, et que la moitié de sa rente viagère soit réversible sur la tête de son conjoint.

Disons enfin que l'art. 2 interdit à l'ouvrier de se prévaloir, pour ces indemnités, d'aucunes dispositions autres que celles de la présente loi.

Et nous arrivons à la *procédure* quelque peu nouvelle, établie par la loi pour le règlement des indemnités.

Chapitre II
Procédure.

Article 11.

Tout accident ayant occasionné une incapacité de travail doit être déclaré dans les quarante-huit heures, par le chef d'entreprise ou ses préposés, au maire de la commune qui en dresse procès-verbal.

Cette déclaration doit contenir les noms et adresses des témoins de l'accident. Il y est joint un certificat de médecin indiquant l'état de la victime, les suites probables de l'accident et l'époque à laquelle il sera possible d'en connaître le résultat définitif.

La même déclaration pourra être faite par la victime ou ses représentants.

Récépissé de la déclaration et du certificat du médecin est remis par le maire au déclarant.

Avis de l'accident est donné immédiatement par le maire à l'inspecteur divisionnaire ou départemental du travail ou à l'ingénieur ordinaire des mines chargé de la surveillance de l'entreprise.

L'art. 15 de la loi du 2 novembre 1892 et l'art. 11 de la loi du 12 juin 1893 cessent d'être applicables dans les cas visés par la présente loi.

Aux termes de cet article, lorsqu'un accident est survenu, par le fait du travail, à un ouvrier des catégories visées par l'art. 1er, le chef d'entreprise, ou le préposé fondé de pouvoirs chargé à quelque titre de la surveillance de l'usine, doit en faire, dans les 48 heures au plus tard, la déclaration au maire de la commune sur laquelle est située l'usine.

Si le patron néglige d'accomplir ce devoir, la victime de l'accident, ou ses représentants peuvent faire eux-mêmes cette déclaration, sans qu'il soit besoin d'attendre que le délai de 48 heures accordé au patron soit expiré.

Le maire ne pourrait du reste pas se refuser à recevoir cette déclaration après le délai de 48 heures, la loi accordant par son art. 18 un délai d'un an pour introduire la demande en indemnités. Seulement, en cas de déclaration tardive, le patron s'exposerait d'abord à des dommages-intérêts envers l'ouvrier, qui aurait plus de difficultés à prouver le bien fondé de sa demande, basée sur les causes et suites de l'accident.

Ensuite, il serait passible des peines édictées par l'art. 14, c'est-à-dire d'une amende de 1 fr. à 15 fr. pour la première contravention, et de 16 fr. à 300 fr. en cas de récidive dans l'année.

(Au sujet de cette récidive, voir les remarques sur l'art. 31.)

Quant à l'ouvrier, il pourrait trouver, après un délai trop long, de grandes difficultés à justifier de sa demande.

Le maire dresse un procès-verbal de cette déclaration.

Avant d'accomplir cette formalité, le déclarant doit se faire délivrer par un médecin un certificat indiquant l'état de la victime, les suites probables de l'accident et l'époque à laquelle il sera possible d'en connaître le résultat définitif.

Ce certificat, conformément aux dispositions de l'art. 29, doit être délivré sur *papier libre*. Il est exempt de la formalité de l'enregistrement jusqu'au moment de son dépôt au greffe.

Le gréffier ne pouvant (à peine de 12 fr. 50 d'amende) recevoir en dépôt des actes non enregistrés, doit exiger cette formalité pour le certificat et pour le procès-verbal dressé par le maire.

L'enregistrement est fait *gratis*. Mais ce serait aller trop loin que de croire que ce certificat puisse être exigé sans frais, du médecin, en vertu de l'art. 29.

Le législateur a pu faire le sacrifice des droits de timbre et d'enregistrement ; il a pu même imposer aux fonctionnaires, ses subordonnés, la confection d'actes nouveaux, non rétribués, mais il ne pouvait imposer une telle obligation à des médecins, hommes libres de l'exercice de leur profession.

L'ouvrier ne pourrait non plus invoquer le bénéfice de l'assistance judiciaire établie par l'art. 22, aucune instance, à proprement parler, n'étant encore intentée.

Cependant, d'après l'esprit de cet art. 22, qui semble considérer par avance tout ouvrier comme indigent, l'ouvrier blessé pourrait demander gratuitement ce certificat au docteur chargé de la *médecine gratuite* dans sa commune ; mais encore faudrait-il que le conseil général consentît à passer en taxe au médecin les sommes qu'il réclamerait pour cela. Ce certificat est remis au maire qui l'annexe au procès-verbal qu'il dresse de la déclaration qui lui est faite.

La loi de 1898 n'impose pas de forme spéciale pour cette déclaration. Il est simplement dit qu'elle doit contenir les noms et adresses des témoins de l'accident ; mais le maire agira sagement en portant dans son procès-verbal les nom, profession et adresse du patron, ceux de la victime, et tous les autres renseignements qu'il jugera utiles pour faciliter la tâche des magistrats pouvant être appelés à statuer sur les responsabilités de l'accident ; notamment les circonstances dans lesquelles cet accident s'est produit (art. 19) ; si le patron avait affilié ses ouvriers à une société mutuelle (art. 5) ; si l'ouvrier est âgé de plus ou moins de 16 ans (art. 8) ; s'il est français, étranger, célibataire, père de famille (art. 3), etc., bien que ces indications ne soient pas obligatoires.

Récépissé de cette déclaration et du certificat médical doit être remis par le maire au déclarant.

Il n'est cependant pas dit que la déclaration doive être faite verbalement ou par écrit. Le décret du 21 avril 1893 prévoyait une déclaration écrite. Il doit encore en être de même puisque l'art. 12 dit que la *copie* en est envoyée au juge de paix.

Aucune formule n'est obligatoire pour le récépissé, ni pour le procès-verbal de déclaration. Nous ne donnons donc qu'à titre de simple renseignement le modèle suivant, qui était

DÉPARTEMENT

d. . .

ARRONDISSEMENT

d. . .

CANTON

d. . .

COMMUNE

d. . .

(1) Nom et prénoms.

(2) Indiquer la date et l'heure.

(3) Indiquer les nom, prénoms, profession et adresse ; mentionner en cas d'absence ou à défaut du chef de l'entreprise que la déclaration a bien été faite par son préposé.

(4) Effacer *isolé* ou *multiple* suivant le cas.

(5) Indiquer la nature de l'établissement et le lieu où il est situé, ainsi que l'atelier où a eu lieu l'accident.

(6) Indiquer les nom, prénoms, âge, sexe, profession et adresse de la victime, ou des victimes.

(7) Indiquer les noms, professions et adresses.

(8) S'il s'agit d'un accident arrivé dans une mine, minière ou carrière, indiquer l'ingénieur des mines auquel le procès-verbal doit être transmis.

MAIRIE D. . . . .

PROCÈS-VERBAL

DE DÉCLARATION D'ACCIDENT (a)

(Art. 11 de la loi du 9 avril 1898).

Par devant nous (1),
Maire de la commune d   département d   dé-soussigné
A comparu le (2),
M (3)
Qui nous a remis, en vertu de l'art. 11 de la loi du 9 avril 1898, une déclaration relative à un accident isolé *ou* multiple (4), survenu le (2) dans (5)
à (6).
Cette déclaration constate : 1º Que l'accident résulte de la circonstance suivante :
2º Que les témoins de l'accident sont (7)
A cette déclaration est joint un certificat de M   Médecin à   donnant par victime les renseignements suivants :

Noms et prénoms des victimes.	Sexe et âge des victimes.	Suites de l'accident.		Suites probables de la blessure.	Époque à laquelle il sera possible d'en connaître le résultat définitif.
		Morts.	Nature de la blessure.		

La déclaration et le certificat médical ont été annexés au procès-verbal pour être transmis à M. l'inspecteur départemental (8)   en résidence à
Fait et arrêté le présent procès-verbal les jour, mois et an que dessus, lequel a été signé avec nous par le déclarant, après lecture faite.

(*Signatures.*)

(a) Sont seuls considérés comme accidents ceux qui paraissent devoir entraîner une incapacité de *quatre jours au moins*.

imposé aux maires dans des circonstances analogues, par le décret du 21 avril 1893, rendu en exécution de la loi du 2 novembre 1892 (art. 15).

Nota. — L'*original* de ce certificat devant aujourd'hui être envoyé au juge de paix (art. 12) le maire n'en envoie à l'inspecteur qu'une *copie*, certifiée conforme. Il en est à l'opposé de la déclaration, dont l'*original* doit être e nvoyé à l'inspecteur, et la *copie* au juge de paix (art. 12).

Avis de l'accident est immédiatement d onné par le maire soit à l'inspecteur divisionnaire du travail, soit à l'inspecteur départemental du travail, soit à l'ingénieur ordinaire des mines, chargé de la surveillance de l'entreprise.

Nous jugeons inutile de leur indiquer ce qu'ils ont à faire, lors de la réception de cet avis, rien n'étant modifié pour eux dans leurs attributions et leurs devoirs.

Notre art. 11 ne modifie que très légèrement les obligations qu'imposaient déjà aux maires les art. 15 de la loi du 2 novembre 1892, et 11 de la loi du 12 janvier 1893, conçus dans des termes à peu près analogues. Ils pourront donc, quant à l'avis à donner aux inspecteurs, continuer à procéder comme ils le faisaient par le passé.

Voici les différences qui modifient les deux premiers articles du troisième.

La loi de 1892 visait les accidents arrivés *aux enfants et aux femmes* travaillant dans les usines (1) etc. La loi de 1893 embrassait tous les ouvriers des usines etc. *sans s'occuper de l'âge ni du sexe.* Ces lois n'avaient pas, comme celle de 1898, pour but d'allouer des indemnités aux ouvriers blessés.

Seul, le patron *était obligé* de faire faire la déclaration. Aujourd'hui, l'ouvrier *a le droit* de la faire aussi.

Le patron était obligé de déclarer *tous les accidents.* Aujourd'hui, il n'y a que les *accidents ayant occasionné une incapacité de travail*, qui doivent l'être.

Au lieu de ne donner avis de l'accident qu'à l'ingénieur du travail, le maire doit, comme il va être dit à l'art. 12, en donner aussi avis au juge de paix.

ARTICLE 12.

Lorsque, d'après le certificat médical, la blessure paraît devoir entraîner la mort ou une incapacité permanente absolue ou partielle de travail, le maire transmet immédiatement copie de la déclaration et le certificat médical au juge de paix du canton où l'accident s'est produit.

---

(1) C'est cette loi (art. 17) qui institue les inspecteurs divisionnaires et départementaux du travail.

Dans les vingt-quatre heures de la réception de cet avis, le juge de paix procède à une enquête à l'effet de rechercher :

1° La cause, la nature et les circonstances de l'accident ;

2° Les personnes victimes et le lieu où elles se trouvent ;

3° La nature des lésions ;

4° Les ayants droit pouvant, le cas échéant, prétendre à une indemnité ;

5° Le salaire quotidien et le salaire annuel des victimes.

Si la victime est morte des suites de l'accident, ou si du certificat médical il résulte qu'elle doive en mourir, ou en contracter *une infirmité* PERMANENTE, absolue ou même partielle, le maire doit transmettre immédiatement la copie de la déclaration et le certificat médical au juge de paix du canton où l'accident s'est produit.

Le greffier dresse de ce dépôt un procès-verbal, comme nous le verrons en étudiant l'art. 13, alinéa final.

Que doit faire le maire, lorsque le certificat médical porte que l'infirmité ne sera que *temporaire* ? La loi est muette à ce sujet. Régulièrement, le maire devrait donc conserver la déclaration parmi les archives de la mairie, sans lui donner aucune suite.

Ce silence n'est pas un oubli. La loi a divisé les incapacités résultant du travail en deux classes. La première, qui comprend le cas de mort de l'ouvrier et les cas d'incapacités *permanentes*, donne lieu à une procédure particulière, commençant par l'enquête que doit faire le juge de paix, sur les circonstances de l'accident, et se déroulant ensuite devant le tribunal d'arrondissement.

La seconde comprend les cas d'incapacités *temporaires*.

La procédure à laquelle donne lieu cette dernière classe ne se passe que devant le juge de paix.

Pour cette dernière procédure, rien n'est changé. Une fois l'accident déclaré au maire et signalé par lui aux inspecteurs, le soin de mettre la justice en mouvement est laissé aux parties, et il ne peut y avoir d'enquête que si un jugement interlocutoire l'ordonne.

Les parties pourraient donc se plaindre des frais qui leur auraient été faits indûment par une enquête préparatoire, jugée inutile.

Cependant, ne devraient-elles pas savoir gré de l'initiative qui aurait été prise, si une infirmité, supposée très légère au début, venait plus tard à s'aggraver, et même à déterminer la mort de la victime ?

Voici à ce sujet ce qui fut dit le 18 mars au Sénat, lors de la discussion de l'art. 15 de notre loi.

M. le rapporteur de la loi ; « Un accident se produit au Havre, c'est au Havre que l'enquête doit être faite.

M. Félix Martin : S'il y a enquête ?

M. le rapporteur : Il y a toujours une enquête !

M. F. M. : Mais non !

M. le rapporteur : Comment non ?

M. F. M. : Il n'y a enquête quelconque que lorsque l'accident peut entraîner la mort, ou une incapacité (1).

M. le rapporteur : Pardon ! Il y a une enquête dans les deux cas, afin de savoir dans quelles conditions l'accident s'est produit. On peut en effet ne pas savoir dès les premiers jours quelles seront les conséquences réelles d'un accident ; telle blessure ne semblait pas grave au premier abord, mais peut plus tard entraîner la mort ; cela n'est pas invraisemblable. Il faut donc faire une enquête le jour même de l'accident. »

Malgré les sentiments qui poussaient M. le rapporteur à parler en ces termes, M. Félix Martin avait raison : aucune enquête n'est imposée par la loi, lorsque le certificat médical donne l'accident comme devant avoir des suites peu graves.

Devant le conflit élevé au Sénat entre les deux législateurs, le maire et le juge de paix feront donc bien de donner suite à l'affaire s'ils le jugent utile.

Ceci dit, le maire transmet la *copie* de la déclaration au juge de paix *du lieu de l'accident.*

Le domicile de l'ouvrier, celui du patron et le lieu de l'accident peuvent se trouver sur trois cantons différents. D'un autre côté, il peut se faire que soit le patron, soit l'ouvrier se trouve *défendeur* dans l'instance. Généralement, ce sera le patron. D'après le Code de procédure civile, le tribunal du domicile du défendeur aurait dû être compétent. D'après notre loi, c'est le tribunal du lieu de l'accident qui doit connaître de l'affaire.

Dans les *vingt-quatre heures* qui suivent la réception de la déclaration, le juge de paix procède à une enquête.

C'est-à-dire, fait les diligences voulues pour procéder à l'enquête dans le plus bref délai possible.

Selon un usage qui tend à devenir de plus en plus fréquent, le législateur a remplacé la citation de l'huissier par l'emploi de la lettre recommandée (art. 13) pour appeler les parties, et les témoins naturellement.

Cette manière de procéder, que l'on regarde aujourd'hui comme présentant des garanties suffisantes, diminue les

____

(1) Même aux termes de la loi, cette incapacité doit être *permanente*.

frais ; mais elle est moins rapide, et peut rendre impossible le commencement de l'enquête dans les vingt-quatre heures.

Par son enquête, le juge de paix doit rechercher obligatoirement les faits mentionnés dans l'art. 12, ci-dessus transcrit.

Il pourra également mentionner tout ce qu'il jugera utile à l'examen que le tribunal aura à faire ultérieurement de la demande, tels que : désignation des sociétés mutuelles auxquelles le patron aurait affilié ses ouvriers, le nom des tiers, auteurs de l'accident, qui, aux termes de l'art. 7, peuvent être substitués au patron pour le paiement des indemnités, etc.

ARTICLE 13.

L'enquête a lieu contradictoirement dans les formes prescrites par les art. 35, 36, 37, 38 et 39, C. proc. civ. en présence des parties intéressées ou celles-ci convoquées d'urgence par lettre recommandée.

Le juge de paix doit se transporter auprès de la victime de l'accident qui se trouve dans l'impossibilité d'assister à l'enquête.

Lorsque le certificat médical ne lui paraît pas suffisant, le juge de paix pourra désigner un médecin pour examiner le blessé.

Il peut aussi commettre un expert pour l'assister dans l'enquête.

Il n'y a pas lieu, toutefois, à nomination d'expert dans les entreprises administrativement surveillées, ni dans celles de l'Etat placées sous le contrôle d'un service distinct du service de gestion, ni dans les établissements nationaux où s'effectuent des travaux que la sécurité publique oblige à tenir secrets.

Dans ces divers cas, les fonctionnaires chargés de la surveillance ou du contrôle de ces établissements ou entreprises, et en ce qui concerne les exploitations minières, les délégués à la sécurité des ouvriers mineurs, transmettent au juge de paix, pour être joint au procès-verbal d'enquête, un exemplaire de leur rapport.

Sauf dans les cas d'impossibilité matérielle dûment constatés dans le procès-verbal, l'enquête doit être close dans le plus bref délai, et au plus tard, dans les 10 jours à partir de l'accident.

Le juge de paix avertit par lettre recommandée les parties de la clôture de l'enquête et du dépôt de la minute au greffe, où elles pourront, pendant un délai de cinq jours, en prendre connaissance et se faire délivrer une expédition, affranchie du timbre et de l'enregistrement. A l'expiration du délai de cinq jours, le dossier de l'enquête est transmis au président du tribunal civil de l'arrondissement.

L'enquête a lieu *contradictoirement*, dit l'art. 13, c'est-à-dire en présence du demandeur et du défendeur. Si les parties négligent de se présenter après avoir été convoquées par lettre recommandée, le juge de paix procède à son enquête, après avoir mentionné dans son procès-verbal leur absence, et la convocation qui leur avait été faite.

Malgré le silence de la loi au sujet des témoins, il est rationnel de les appeler comme les parties, c'est-à-dire par lettre recommandée.

A part le remplacement de la citation d'huissier par une missive postale, pour appeler les parties, notre article ne change rien aux anciennes formes de l'enquète, qui doit se faire conformément aux règles tracées par les art. 35 à 39, C. proc. civ. ; c'est-à-dire que les témoins donnent leurs noms, âge, professions, prêtent serment de dire la vérité, etc. (art. 35) ; qu'ils déposent séparément ; que les parties sont tenues de fournir leurs reproches avant la déposition (art.36), et ne doivent pas interrompre le témoin (art. 37); que procès-verbal du tout sera dressé dans les causes sujettes à l'appel (art. 39).

Généralement, l'enquête se fera au prétoire ordinaire de la justice de paix. Mais dans le cas où la vue des lieux pourrait être utile à l'intelligence des dépositions, l'art. 38, C. proc. civ. autorise le juge de paix à se transporter sur les lieux, et à y entendre les témoins. C'est sans doute en prévision de ce cas, qui sera encore assez fréquent, que la loi donne compétence au juge de paix du *lieu de l'accident*.

Cette compétence *rationæ personæ*, attribuée exclusivement à l'un des juges de paix auxquels la loi pouvait donner connaissance du litige, est un des points ayant soulevé, et soulevant encore, le plus de difficultés.

Lors de la discussion ci-dessus citée de l'art. 15, M. Félix Martin proposa un paragraphe additionnel, pour « porter l'action devant le juge de paix du domicile de l'ouvrier, quand l'accident se serait produit en dehors du canton où est situé l'atelier auquel l'ouvrier est attaché ».

Nous reproduisons un extrait de la discussion qui eut alors lieu entre M. Félix Martin et M. le rapporteur :

M. Félix Martin : « Un ouvrier de l'usine du Creuzot, envoyé faire un travail au Havre, peut être blessé dans cette ville. Il est inadmissible d'obliger cet ouvrier, une fois rentré chez lui au Creuzot, d'aller plaider au Havre. Le juge de paix du Creuzot sera plus à même de déterminer le salaire. Il sera le seul à même d'évaluer les frais médicaux et pharmaceutiques.

On peut *demander au juge de paix du Havre, de procéder à l'enquête nécessaire*, puisqu'il sera sur les lieux de l'accident.

M. le rapporteur : Les renseignements peuvent être recueillis plus facilement dans le canton où l'accident s'est produit. Il est impossible de faire aller du Havre au Creuzot toutes les personnes ayant été témoins de l'accident. Il ne peut être statué au Creuzot d'après les données d'une enquête faite par le juge de paix du Havre. *Il faut que le magistrat chargé de régler l'indemnité soit le même que celui qui a fait l'enquête sur l'accident et sur ses causes.* »

Et l'amendement de M. Félix Martin ne fut pas pris en considération.

Les parties peuvent, d'ailleurs, se faire remplacer par des mandataires, pour tous les actes de la procédure. Ou, si elles se transportent devant un juge de paix qui n'est pas celui de leur domicile, elles peuvent réclamer de ce chef, en vertu de l'art. 146 du tarif civil du 16 février 1807, une indemnité de 3 fr. par myriamètre.

Nous avons donné par anticipation les raisons qui ont fait dicter le paragraphe de l'art. 13, lequel oblige le juge de paix à se transporter auprès de la victime.

Ce paragraphe soulève peut-être encore plus de récriminations que le précédent.

Au cours d'une réception par M. le Garde des Seaux, des délégués des greffiers de justice de paix, en mars 1898, M. Joly, greffier de paix à Versailles, fit remarquer que l'obligation du paragraphe 2 de l'art. 13, pouvait amener le juge de paix à se transporter dans un canton qui n'était pas le sien, et qu'il y avait là quelque chose de contraire aux règles de la compétence territoriale des juges de paix.

M. le ministre répondit textuellement : « Je ne vois aucun inconvénient à cela, et il rentre bien dans l'esprit de la loi, que c'est le même juge de paix qui se sera rendu sur les lieux de l'accident, qui devra se transporter auprès du blessé, même si le domicile est en dehors de son canton. »

D'après la circulaire ministérielle du 10 juin 1899 « lorsque la victime aura été transportée dans un autre canton, le juge chargé de l'enquête adressera à son collègue compétent une commission rogatoire dans laquelle il lui donnera toutes les indications nécessaires pour que ce dernier puisse remplir utilement son mandat ».

Le juge et le greffier ne sont pas astreints à suivre toutes les formalités du Code de procédure civile : jugement ordonnant enquête, signification de ce jugement, etc.

Notre paragraphe ne renvoie pas à l'art. 42, comme il est fait au sujet des enquêtes.

Notre loi semble vouloir instituer une procédure rapide ; la nature de la matière qu'elle régit l'exige.

Le juge peut donc convoquer son expert, comme un témoin, par lettre ; ou, en cas de transport, le prendre en arrivant sur les lieux, parmi le personnel de l'usine.

Malgré le défaut de prescriptions ci-dessus signalé, le juge de paix fera bien de se baser sur les règles établies par le Code de procédure civile, au chapitre des expertises ; notamment faire consigner ses observations dans le procès-verbal, etc.

Dans certaines entreprises de l'Etat, il n'y a pas lieu à nomination, par le juge de paix, d'experts étrangers à l'établissement. Mais il doit cependant être procédé à une enquête, comme il ressort d'abord du silence qu'observe à ce sujet notre paragraphe, et surtout de la phrase finale, qui dit que « le fonctionnaire chargé de la surveillance de l'établissement, transmet au juge de paix un exemplaire de son rapport pour être joint au *procès-verbal d'enquête* ».

Rien n'empêche le juge de paix de prendre, comme nous le disions ci-dessus, ce fonctionnaire en qualité d'expert, lors de l'enquête.

Bien que la loi prescrive au juge de paix de commencer l'enquête dans le plus bref délai possible, il peut se faire qu'elle ne s'achèvera quelquefois pas immédiatement, l'ouvrier ou le patron ayant demandé un sursis pour y assister.

Pour éviter les inconvénients résultant de retards trop prolongés, la loi ordonne que l'enquête soit terminée dans un délai très court, c'est-à-dire dix jours après l'accident. Ce n'est pas à peine de nullité, mais la partie qui ferait retarder la clôture d'enquête, pourrait être tenue à des dommages-intérêts envers l'autre.

La loi prévoit le cas de force majeure, et par exemple si, après l'éboulement d'une mine, il faut un mois de travaux avant de pouvoir juger des causes et circonstances de l'accident, la clôture peut être retardée, mais alors il faut faire mention de ce retard dans le procès-verbal.

Lorsque l'enquête est close, la minute en est déposée au greffe de la justice de paix.

S'il avait été, par suite de circonstances quelconques, procédé à une enquête pour un accident ne déterminant qu'une incapacité *temporaire*, le dossier de cette affaire devrait rester déposé *parmi les minutes* de la justice de paix.

Mais s'il s'est agi d'une incapacité *permanente*, le dossier ne doit rester déposé au greffe de la justice de paix que pendant *cinq jours*.

Comment doit s'opérer ce dépôt ?

Il arrive souvent que les greffiers ont à recevoir des dépôts d'actes, notamment des rapports d'experts ; en pareil cas, ils dressent, à la *requête de l'expert*, un acte mentionnant que le rapport restera déposé *au rang des minutes du greffe.*

Ici, le greffier doit aussi rédiger un acte qui, enregistré gratis, et porté au répertoire, permettra de conserver la trace du dépôt fait. Le juge de paix sera porté comme *comparant* dans cet acte, lequel énumérera les pièces annexées, et mentionnera qu'elles resteront déposées au greffe pendant *cinq jours.*

Aussitôt après ce dépôt, le juge de paix, ou plutôt le greffier, avertit, *par lettre recommandée,* les parties, que cette minute est à leur disposition. Elles peuvent, soit en prendre connaissance par elles-mêmes, soit s'en faire délivrer une expédition, que le greffier établit dans les formes ordinaires, exempte de timbre et d'enregistrement.

La circulaire du 10 juin décide que les greffiers ne peuvent « réclamer un émolument pour les délivrances qu'ils ont à effectuer ».

Il est laissé aux parties un délai de cinq jours.

A l'expiration de ce délai, le dossier de l'affaire est transmis au président du tribunal civil de l'arrondissement. Les parties peuvent se faire délivrer des expéditions par le greffier de ce tribunal.

Dans quelle forme et par quelle voie doit se faire cette transmission ?

Lorsqu'il s'agit d'un jugement en premier ressort porté en appel, le greffier de paix remet à la partie appelante une expédition des jugements, enquêtes, rapports d'experts, etc., qui sont ainsi portés, aux risques et périls de leurs possesseurs, à la connaissance du tribunal, par l'entremise d'un avoué. La minute des pièces reste au greffe de paix.

Mais, en matière d'accidents, c'est le dossier composé des pièces originales, qui doit être remis au président du tribunal. La loi n'indique pas la voie par laquelle les pièces doivent être remises.

Le Code de procédure civile indiquait toute une série de précautions à prendre pour que les actes ne se perdissent pas, mais on tend à supprimer ces lentes et onéreuses coutumes, et il est admis aujourd'hui qu'une pièce expédiée par la poste, comme objet recommandé, est entourée par l'administration postale, d'une attention assez grande pour qu'elle doive toujours arriver à destination.

Le greffier peut encore remettre lui-même le dossier au président, par l'intermédiaire du greffier du tribunal civil, mais reconnaissons que l'indemnité de 4 francs, qui lui est allouée par le tarif du 5 mars, serait souvent insuffisante pour le couvrir de ses frais.

Pour l'art. 14, voir les observations faites au sujet de l'art. 11, et de l'art. 31.

Pour l'art. 15, voir après l'art. 22.

ART. 16.

En ce qui touche les autres indemnités prévues par la présente loi, le président du tribunal de l'arrondissement convoque, dans les cinq jours à partir de la transmission du dossier, la victime ou ses ayants droit et le chef d'entreprise qui peut se faire représenter.

S'il y a accord des parties intéressées, l'indemnité est définitivement fixée par l'ordonnance du président qui donnne acte de cet accord.

Si l'accord n'a pas lieu, l'affaire est renvoyée devant le tribunal, qui statue comme en matière sommaire conformément au titre XXIV du livre II du Code de procédure civile.

Si la cause n'est pas en état, le tribunal surseoit à statuer et l'indemnité temporaire continuera à être servie jusque la décision définitive.

Le tribunal pourra condamner le chef de l'entreprise à payer une provision ; la décision sur ce point sera exécutoire nonobstant appel.

Dans les cinq jours à partir de la réception du dossier, le président du tribunal convoque la victime et le patron, à l'effet de tenter, par un accord amiable, l'établissement des indemnités à allouer à l'ouvrier, ce qui eut été souvent facile, si les dispositions de l'art. 20 n'étaient pas venues permettre au tribunal de modifier, en plus ou en moins selon les circonstances, les indemnités établies d'une façon positive par les art. 3 et 10 ; mais les avantages de la conciliation doivent s'effacer devant l'esprit de justice qui a dicté cet art. 20.

Si l'accord se produit, la convention fait la loi des parties. Le président en fait dresser, par le greffier qui l'assiste, un procès-verbal donnant acte de l'arrangement ; et l'ordonnance fixant définitivement l'indemnité convenue en rend exécutoire l'accomplissement. Les parties n'ont donc plus besoin, de ce chef, d'avoir recours à la justice, et le greffier du tribunal civil doit, après le délai de trois ans dont il sera parlé à l'art. 19, remettre à l'ouvrier une grosse que celui-ci peut porter à un huissier, si le patron refuse de payer les indemnités convenues.

S'il ne peut s'établir d'accord entre les parties, il est dressé un procès-verbal de non-conciliation, ainsi que cela résulte de l'art. 22, § 2, et l'instance suit son cours devant le tribunal qui statue, comme en *matière sommaire* conformément au titre XXIV du livre II du Code de procédure civile.

On comprend que malgré tous les soins que le juge de paix a dû apporter à la confection de son enquête, l'affaire puisse ne pas être *en état* lorsqu'elle vient devant le tribunal, et que celui-ci se voie obligé de surseoir à statuer.

Mais qu'entend-on par *l'indemnité temporaire* qui doit continuer à être servie jusqu'à la décision définitive ? A moins que ce ne soit celle établie par le paragraphe suivant, qui dit que le tribunal pourra condamner le chef d'entreprise à payer une provision. L'ouvrier peut, en effet, être dépourvu des moyens de fortune suffisants pour soutenir les frais du procès et vivre, en attendant la décision définitive.

Peut-être a-t-on voulu parler du cas de révision de l'indemnité prévue par l'art. 19. En effet, la blessure, jugée d'abord comme ne devant produire qu'une incapacité *temporaire* de travail, a pu faire allouer par le juge de paix une indemnité *temporaire*, tandis que par la suite, l'incapacité de travail se trouvant reconnue comme devant être *permanente*, le tribunal civil est appelé à statuer sur une indemnité plus importante.

Le tribunal civil peut alors, sans le moindre examen de la cause, ordonner que l'indemnité accordée par le juge de paix pour un temps déterminé, continuera, en attendant la sentence définitive, d'être servie, même après l'époque fixée à laquelle elle devait expirer.

ARTICLE 17.

Les jugements rendus en vertu de la présente loi sont susceptibles d'appel selon les règles du droit commun. Toutefois l'appel devra être interjeté dans les quinze jours de la date du jugement s'il est contradictoire et, s'il est par défaut, dans la quinzaine à partir du jour où l'opposition ne sera plus recevable.

L'opposition ne sera plus recevable en cas de jugement par défaut contre partie, lorsque le jugement aura été signifié à personne, passé le délai de quinze jours à partir de cette signification.

La Cour statuera d'urgence dans le mois de l'acte d'appel. Les parties pourront se pourvoir en cassation.

Nous suivons ici une procédure devant le tribunal civil. Le législateur a certainement établi dans l'art. 17, des règles relatives à cette juridiction, et non applicables aux jugements des justices de paix.

Le premier paragraphe ne vise évidemment que le tribunal civil, puisque tous les jugements des juges de paix, rendus en vertu de la présente loi sont en *dernier ressort*.

Ce paragraphe se passe de commentaire, rien n'étant innové en ce qui concerne l'appel sauf pour les délais, qui ne sont plus que de quinze jours au lieu de trois mois.

L'expression « en cas de jugement par défaut *contre-partie* » n'étant jamais employée en justice de paix, bien que les parties seules s'y présentent, on voit que le législateur ne visait pas non plus cette juridiction en édictant le deuxième paragraphe.

On doit en conclure qu'il en a été de même pour la dernière phrase du paragraphe 3.

Cela ne veut pas dire que les recours par opposition et en cassation ne soient pas ouverts pour les sentences des juges de paix. Rien n'est changé devant cette juridiction, et l'opposition, la requête civile, etc. continuent d'être applicables, lorsqu'il y a lieu, selon les règles du droit commun.

En cas de jugement par défaut en justice de paix, il n'y a donc pas à appliquer le délai de quinze jours établi par l'art. 17. Ce délai continue d'être de trois jours, à dater de de la signification du jugement, conformément aux règles établies par l'art. 20, C. proc. civ.

ARTICLE 18.

L'action en indemnité prévue par la présente loi se prescrit par un an à dater du jour de l'accident.

Nous avons dit plus haut que si le patron, bravant les menaces de l'art. 14, ne fait pas les déclarations exigées par l'art. 11, l'ouvrier victime de l'accident peut prendre l'initiative de les faire, et que le délai de quarante-huit heures prescrit ne lui est pas imposé à peine de forclusion.

De même, après l'insuccès de la tentative de conciliation devant le président, ou lorsque l'indemnité est du ressort de la justice de paix, les parties peuvent ne pas introduire immédiatement leur demande devant le tribunal.

La loi a voulu mettre un terme à ces demandes tardives, et a prescrit par *un an* l'action en indemnités prévue par la présente loi.

ARTICLE 19.

La demande en révision de l'indemnité fondée sur une aggravation ou une atténuation de l'infirmité de la victime ou son décès par suite des conséquences de l'accident, est ouverte pendant trois ans à dater de l'accord intervenu entre les parties ou de la décision définitive.

Le titre de pension n'est remis à la victime qu'à l'expiration des trois ans.

Une autre prescription est établie par l'art. 19.

Il peut arriver, et même il arrivera très fréquemment, que l'incapacité résultant du fait de l'accident se modifie, soit pour s'augmenter, soit pour s'atténuer. Les parties pourront alors introduire, devant le tribunal qui aura statué, une demande en révision de l'indemnité allouée.

Il ne faut pas voir dans cette disposition une atteinte à la *chose jugée*. La loi prévoit un fait qui sera fréquent, et règle par avance le sort des jugements rendus en pareil cas. Elle ne pouvait, sans injustice, agir autrement. Il y a, du reste, un précédent remarquable. L'art. 209, C. civ., autorise la modification des pensions alimentaires, lorsque la situation du pensionné vient à se changer après le jugement rendu.

La demande qui nous occupe doit être faite dans un délai de trois ans à dater, non de l'accident, mais de l'accord intervenu ou de la décision définitive. A ce moment, en effet, la situation de la victime était censée, beaucoup plus qu'au jour de l'accident, ne jamais devoir se modifier.

Si l'état du blessé demeure stationnaire pendant trois ans, cela donne raison à la sentence rendue ou à l'accord intervenu.

Si l'état du blessé s'est modifié, le silence des parties est considéré comme un abandon de leurs droits. L'indemnité se trouve alors définitivement établie.

Après ce délai, l'indemnité n'étant plus exposée à varier, aucun inconvénient ne s'oppose à ce que la grosse du jugement ou de l'ordonnance du président soit rendue à l'ayant droit.

La loi a voulu éviter la remise de deux grosses relatives au même objet. Mais cette interdiction pour la victime d'obtenir son titre de pension, peut entraîner ce singulier effet que la procédure aura deux phases.

D'abord l'ouvrier actionnera le patron *en règlement d'indemnités*, conformément aux art. 3 et 10.

Il sera rendu sur ce point un *jugement définitif*, mais en vertu de l'art. 19, l'indemnité pouvant être modifiée dans un espace de trois ans, à dater du prononcé de ce jugement, il ne deviendra exécutoire *par lui-même* qu'après les trois ans écoulés, et il ne pourra auparavant en être délivré une grosse. Sera-t-il pour cela lettre morte ? Non. Il aura acquis force de chose jugée, et les sommes qu'il aura allouées seront exigibles, mais comme si elles ne résultaient que d'une obligation ordinaire, non exécutoire.

Ensuite, si le patron ne veut ou ne peut payer les indemnités de pension qu'il doit en vertu de ce jugement, l'ouvrier l'actionnera une seconde fois, et obtiendra un jugement *exécutoire* pour se faire payer des sommes dues.

Article 20.

Aucune des indemnités déterminées par la présente loi ne peut être attribuée à la victime qui a intentionnellement provoqué l'accident.

Le tribunal a le droit, s'il est prouvé que l'accident est dû à une faute inexcusable de l'ouvrier, de diminuer la pension fixée au titre 1er.

Lorsqu'il est prouvé que l'accident est dû à la faute inexcusable du patron ou de ceux qu'il s'est substitués dans la direction, l'indemnité pourra être majorée, mais sans que la rente ou le total des rentes allouées puisse dépasser soit la réduction soit le montant du salaire annuel.

Sous l'empire du Code civil, l'ouvrier avait bien quelquefois un recours en indemnité contre son patron ; mais ce droit résultant de l'art. 1382, C. civ., ne pouvait être réclamé que s'il était prouvé que l'accident provenait *d'un fait imputable au patron.*

Aujourd'hui, l'ouvrier a droit à une indemnité pour tout accident causé *par le fait du travail.*

Il ne pouvait cependant être admissible de voir la loi favoriser la mauvaise foi, peut-être même le suicide. Aussi l'art. 20 dit-il dans son paragraphe 1er, qu'aucune des indemnités par elle déterminées, ne peut être attribuée à la victime qui aura *intentionnellement* provoqué l'accident.

La loi fait plus, elle prévoit (paragraphes 2 et 3) le cas où l'accident serait dû à la faute soit de l'ouvrier, soit du patron.

On ne comprend donc plus les critiques soulevées contre elle pour dire qu'elle servait de prime à la négligence des ouvriers.

Le tribunal a, disons-nous, le droit d'apprécier la part des responsabilités devant incomber à l'ouvrier qui, par suite d'une faute inexcusable, d'ivresse, etc., aurait été victime d'un accident qu'il n'aurait pourtant pas intentionnellement provoqué.

Le tribunal peut dans ce cas, — mais ce n'est pour lui qu'un droit très facultatif, — diminuer la pension autant qu'il le juge convenable.

Le tribunal peut aussi augmenter l'indemnité à allouer, si l'accident est dû à la faute inexcusable du patron ; mais la loi ne veut pas obliger celui-ci à payer plus cher un ouvrier impotent qu'un ouvrier lui rapportant par son travail. Aussi *la rente* qui doit être versée, si l'ouvrier est célibataire, ou *le total des rentes,* s'il est père de famille, ne doit pas dépasser *le montant du salaire précédemment touché.*

Si l'ouvrier n'a été atteint que d'une incapacité *partielle,* son salaire ayant été réduit en raison du travail moins important qu'il pouvait fournir, la majoration d'indemnité dont

nous nous occupons ne peut dépasser cette réduction ; c'est-
à-dire que, comme dans le cas précédent (incapacité absolue),
l'ouvrier ne peut pas toucher un salaire supérieur à sa paie
primitive.

L'ouvrier aurait certainement pu puiser dans l'art. 1382,
les éléments nécessaires pour réclamer une indemnité plus
élevée, mais l'art. 2, § 1er, disant que les ouvriers ne peuvent
se prévaloir, à raison des accidents dont ils sont victimes
dans leur travail, d'aucunes dispositions autres que celles de
la présente loi, le préjudice moral causé par la perte d'un
membre, les souffrances, etc., ne pourraient être allégués
pour réclamer des indemnités supérieures à celles posées par
les art. 3 et 10. Les parties ne pourraient pas, par un
acte secret, convenir d'indemnités plus ou moins fortes que
celles ci-dessus établies, puisque l'art. 30 dit que toute convention contraire à la présente loi est nulle de plein droit.

Malgré cette sanction, il arrivera fréquemment que, par
un compromis secret, les patrons et les ouvriers s'engageront
l'un envers l'autre, à rejeter en tout ou en partie les prescriptions de cette loi. En cas d'inexécution de ces conventions,
les parties ne pourront s'adresser à la justice pour en demander la ratification.

Nous avons djà dit que l'art. 20 serait la source de nom-
breux procès, car chacune des parties essaiera de dégager
sa responsabilité pour rejeter la faute sur la partie adverse.
La loi ne pouvait cependant omettre de formuler les modi-
fications autorisées par l'art. 20.

ARTICLE 21.

Les parties peuvent toujours, après détermination du chiffre de
l'indemnité due à la victime de l'accident, décider que le service de
la pension sera suspendu et remplacé, tant que l'accord subsistera
par tout autre mode de réparation.

Sauf dans le cas prévu à l'art. 3 § A la pension ne pourra être
remplacée par le paiement d'un capital que si elle n'est pas supérieure
à 100 fr.

Si après un accord devant le président du tribunal, ou une
décision judiciaire, déterminant le chiffre de l'indemnité, les
parties conviennent que le service de la pension sera remplacé
par un autre mode de réparation, par exemple, la gérance
d'une propriété du patron, ou autre emploi avantageux, il
pourra être décidé que le service réel de la pension sera suspendu tant que l'accord subsistera.

Si cet accord vient à se rompre, la décision primitive re-
prendra tout son effet.

ARTICLE 22.

Le bénéfice de l'assistance judiciaire est accordé de plein droit, sur le visa du procureur de la République, à la victime de l'accident ou à ses ayants droit devant le tribunal.

A cet effet, le président du tribunal adresse au procureur de la République, dans les trois jours de la comparution des parties, prévue par l'art. 16, un extrait de son procès-verbal de non-conciliation, et il y joint les pièces de l'affaire.

Le procureur de la République procède comme il est prescrit à l'art. 13 § 2 et suivants de la loi du 22 janvier 1851.

Le bénéfice de l'assistance judiciaire s'étend de plein droit aux instances devant le juge de paix, à tous les actes d'exécution mobilière et immobilière, et à toute contestation incidente et à l'exécution des décisions judiciaires.

Les frais devant le tribunal civil sont généralement très élevés ; la loi du 22 janvier 1851, pour mettre la justice à la portée de chacun, avait institué, sous le nom d'*Assistance judiciaire*, la justice gratuite, ou tout au moins à crédit, en faveur des *indigents* ; mais les démarches qu'elle exige pour prouver l'indigence sont parfois très longues.

Il était inutile ici de faire cette preuve, la loi de 1898 ayant pour but de venir en aide à des ouvriers pauvres en général, considère par avance ceux-ci comme étant *indigents*. Les exceptions seront rares. Le bénéfice de l'assistance judiciaire est donc accordé de *plein droit* à la victime de l'accident.

Il n'en est pas de même du *patron*, qui, pour obtenir ce bénéfice, est obligé de le demander suivant les règles établies par la loi de 1851.

Pour faire mettre à exécution devant le tribunal civil, ce droit de l'ouvrier, le président adresse au procureur de la République, dans les trois jours de la comparution des parties, un extrait du procès-verbal de non-conciliation ; il y joint les pièces de l'affaire. Le procureur appose son visa sur ce procès-verbal. Puis, conformément aux prescriptions de l'art. 13 de la loi du 22 janvier 1851, il invite le bâtonnier de l'ordre des avocats, le président de chambre des avoués et le syndic des huissiers à désigner l'avocat, l'avoué et l'huissier qui prêteront leur ministère à l'ouvrier.

Ici encore, la loi a concilié, dans la mesure du possible, tous les intérêts. Elle a fait abandon des droits du Trésor par la gratuité du timbre et de l'enregistrement des actes (art. 29) ; mais elle ne pouvait obliger les avoués, huissiers et autres officiers publics, à faire une charité forcée, et à accepter un surcroît de travail non rémunéré. Elle n'accorde donc pas à la victime la gratuité absolue, mais seulement un sursis de paiement, ce qui permettra aux officiers publics de

se faire rembourser de leurs avances, si l'ouvrier débouté de
sa demande devient un jour en mesure de pouvoir payer, ou
si le patron a été condamné aux frais, ce qui se produira le
plus souvent.

Devant la justice de paix, il n'est pas besoin des formalités
ci-dessus, le ministère des avoués n'existant pas devant cette
juridiction.

Pour les huissiers, dans les cantons où ils sont plusieurs,
ils seront désignés par leur syndic, sur l'invitation du juge
de paix, exerçant ici les attributions qui sont données au
procureur près le tribunal civil. S'il n'y a qu'un huissier au
canton, c'est lui qui devra instrumenter, sans qu'il soit besoin de le désigner, puisqu'il a le monopole des actes de la
justice de paix.

Notre loi va plus loin que celle de 1851. Elle étend le bénéfice de l'assistance judiciaire aux actes d'exécution auxquels peuvent donner lieu les jugements du tribunal civil et
de la justice de paix.

Il en est de même pour les contestations incidentes à l'exécution de ces jugements. Celles des décisions judiciaires,
émanant des juges de paix, doivent être portées devant le
tribunal civil, les juges de paix ne connaissant pas de l'exécution de leurs jugements, ni des contestations qu'elles
peuvent soulever, sauf quelques exceptions : modification de
l'indemnité, opposition, etc.

ARTICLE 15.

Les contestations entre les victimes d'accidents et les chefs d'entreprise relatives aux frais funéraires, aux frais de maladie ou aux
indemnités temporaires sont jugées en dernier ressort par le juge
de paix du canton où l'accident s'est produit à quelque chiffre que
la demande puisse s'élever.

ARTICLE 16.

En ce qui touche les autres indemnités prévues par la présente loi,
le président du tribunal de l'arrondissement...

Nous venons d'étudier la marche que suit la procédure
tracée par notre nouvelle loi, lorsque la gravité de l'accident
fait rentrer la demande dans la compétence du tribunal civil.

En ce qui est de la procédure devant la justice de paix,
rien n'est changé, quant à la forme du moins ; si ce n'est
que la compétence *rationæ personæ* est donnée au juge de
paix *du lieu de l'accident*.

L'ouvrier, après la déclaration de l'accident à la mairie,

devra intenter sa demande devant ce juge de paix *suivant les règles ordinaires.*

C'est-à-dire, appeler par un avertissement le patron en conciliation, et le faire assigner ensuite par un des huissiers du canton ; le juge de paix statuera alors par jugement définitif, ou par jugement ordonnant enquête s'il y a lieu. S'il a déjà été procédé à une enquête préalable, le juge de paix peut y prendre les éléments qu'il trouve utiles.

Quant à la compétence *ratione materiæ*, voici d'après quelles règles la loi attribue à chacune des deux juridictions la connaissance des demandes.

Sont de la compétence des *juges de paix*, les contestations relatives : 1° aux *frais funéraires* ; 2° aux *frais de maladie* ; 3° aux *indemnités temporaires.*

Le *tribunal civil* est seul compétent en ce qui touche les *autres indemnités.* C'est-à-dire lorsqu'il s'agit d'indemnités résultant soit de la *mort de la victime*, soit *d'incapacités permanentes*, absolues ou partielles, si minimes soient-elles.

D'après l'art. 4, § 1er, les *frais funéraires* ne peuvent être réclamés au patron que jusqu'à concurrence d'une somme de cent francs, au maximum.

Les frais de maladie, art. 4 § 2, peuvent être réclamés, à quelque somme que la demande puisse s'élever, lorsque le patron aura choisi le médecin et le pharmacien pour soigner le malade. Ce dernier pouvant ne pas avoir une confiance suffisante dans les capacités de ce médecin, a le droit d'en choisir un autre, et de prendre ses remèdes chez tel pharmacien qu'il voudra. Mais alors le juge de paix déterminera le montant de la somme à réclamer au patron pour frais de maladie. Le mémoire devra être basé sur le tarif adopté pour l'assistance médicale gratuite dans le département où la victime aura été soignée.

Ce tarif arrêté dans chaque département par le conseil général, peut varier fortement d'une région à l'autre.

La loi ne dit pas quel est le juge de paix qui fixera la somme à allouer, bien que le juge de paix du domicile de l'ouvrier soit le plus à même d'apprécier ce tarif ; ainsi que le disait au Sénat M. Félix Martin, on ne peut pas obliger les parties à charger deux magistrats de connaître de leur litige. Il faut donc dire, avec M. le rapporteur de la loi au Sénat : « Le magistrat chargé de régler l'indemnité doit être celui qui a fait les actes préparatoires. »

C'est le patron qui invoquera généralement ce tarif, pour faire réduire la demande de son ouvrier. Quoique ce dernier soit demandeur, c'est au patron qu'incombera de fournir au tribunal les moyens de statuer sur ce point, la preuve de l'exception étant à sa charge.

Les contestations pour indemnités *temporaires* s'élèveront en général à un chiffre peu élevé, puisque d'une part, la loi limite pour ainsi dire à 2.400 fr. le taux du salaire annuel sur lequel doit être basée l'indemnité, et que d'autre part, une incapacité qui semblerait devoir durer plusieurs années sera presque toujours annoncée par le médecin comme devant être *permanente*, et rentrera ainsi dans les attributions du tribunal civil.

On comprend par cela que la loi n'ait pas cherché à limiter la compétence du juge de paix, en fixant, comme la loi de 1838, le dernier ressort à la somme de cent francs.

C'est un pas vers *l'extension de la compétence.*

Aucun jugement des juges de paix en cette matière n'est donc susceptible d'appel.

Les demandes cependant, pourront parfois s'élever à des sommes assez importantes, lorsque l'ouvrier aura laissé échoir plusieurs termes sans les réclamer.

Ici s'arrête l'examen que nous nous sommes proposé de faire de la *procédure* à laquelle la nouvelle loi a donné naissance ; nous nous bornerons désormais à analyser rapidement les autres articles.

CHAPITRE III

Garantie des indemnités et dispositions générales.

ARTICLE 23.

Pour donner à l'ouvrier plus de chances d'obtenir le paiement des indemnités qui lui sont dues, la loi en classe l'obligation parmi les « créances privilégiées » énumérées par l'art. 2101 C. civ. pour les sommes dues à raison des frais médicaux, pharmaceutiques, funéraires, et indemnités temporaires, c'est-à-dire toutes les indemnités rentrant dans la compétence du juge de paix.

En cas d'insolvabilité du patron, ces sommes seront payées avant les créances ordinaires.

ARTICLE 24.

Pour le paiement des autres indemnités (celles du ressort du Tribunal civil), si le patron ne paie pas, ou, si les compagnies d'assurances quelconques qui ont promis de payer en ses lieu et place, n'exécutent pas leurs engagements, la *Caisse*

*nationale des retraites pour la vieillesse paiera à l'ouvrier
les sommes qui lui sont dues au moyen d'un fonds spécial de
garantie.*

ARTICLE 25.

Pour la constitution de ce fonds de garantie, il sera ajouté
quatre centimes additionnels au principal de la contribution
des patentes des patrons visés par la loi.

ARTICLE 26.

Les sommes ainsi payées à l'ouvrier par la Caisse des retraites, ne seront que des avances faites par elle aux patrons,
ou aux Compagnies d'assurances. Elle exercera contre eux
un recours pour recouvrer ces sommes.

Si le patron est assuré, la Caisse des Retraites n'aura plus
aucun recours contre lui ; c'est à la Compagnie d'assurances
qu'elle réclamera les avances faites, et pour le rembourse-
ment desquelles elle jouira du privilège de l'art. 2102,
C. civ., sur l'indemnité due par cette Compagnie.

Les décisions judiciaires rendues au profit de la Caisse des
retraites, seules, emportent hypothèque.

Le 1er décret du 28 février 1899 : « Tout bénéficiaire d'une
indemnité..... » détermine les conditions du service conféré
à la Caisse des retraites, notamment les formes du recours
à exercer contre le patron ou la Compagnie d'assurances,
ainsi que les conditions dans lesquelles l'ouvrier est admis à
réclamer à la Caisse des retraites le paiement de ses indemnités.

Aux termes de ce décret (art. 1er), l'ouvrier qui n'a pu obtenir le paiement des indemnités qui lui sont dues, doit en
faire sans frais la déclaration au maire de sa résidence, dans
les formes établies par les art. 2, 3, 4 et 5 de ce décret.

La marche de la procédure qui se déroule ensuite *devant
le juge de paix*, est tracée par les art. 6 et suivants.

L'ensemble des opérations prévues par ces articles donnent
au greffier, droit à une indemnité de 2 fr. (art. 3 du décret
du 5 mars).

ARTICLE 27.

Les Compagnies d'assurances sont soumises à la surveillance de l'Etat, et sont astreintes à constituer des réserves
dans les conditions établies par le 2e décret du 28 février
1899 : « Toutes les sociétés.. » Ce décret détermine, dans son
titre II, les conditions dans lesquelles doivent être créés les
syndicats de garantie.

ARTICLE 28.

Les indemnités ne peuvent être exigées que sous forme de rente, et non de capital.

Cependant, si un patron cesse son industrie, le capital représentatif des pensions à sa charge doit être versé à la Caisse des retraites.

A moins que le patron ne fournisse une des garanties énumérées dans le 3ᵉ décret du 28 février : « Lorsqu'un chef d'entreprise... », c'est-à-dire, s'il justifie qu'il a fait assurer ses ouvriers à un syndicat garantissant le paiement des pensions, ou que son successeur a pris l'engagement d'acquitter les pensions dues, etc.

ARTICLE 29.

Les actes divers faits en vertu de la présente loi sont *délivrés gratuitement*, visés pour timbre, et enregistrés *gratis*, et non *en débet*, c'est-à-dire à crédit.

Le Trésor a donc fait entièrement abandon de ses droits.

Mais qu'a voulu dire la loi par l'expression « délivrés *gratuitement* » ?

Nous avons dit à l'art. 11 que le médecin ne pouvait être astreint à délivrer gratuitement son certificat.

Il en est de même des experts.

Quant aux actes de signification devront-ils être faits *gratuitement*, en ce qui est des honoraires des huissiers ?

L'art. 22, alinéa final, leur applique les règles de l'assistance judiciaire, qui n'accorde pas un droit de *gratuité* proprement dite. On peut en dire autant des jugements.

Pour les actes des greffiers, ils sont tarifés par le décret du 5 mars 1899.

ARTICLE 30.

Toute convention contraire à la présente loi est nulle de plein droit.

Cette disposition a été étudiée avec l'art. 20.

ARTICLE 31.

Les patrons doivent afficher dans leurs usines le texte de la présente loi et des règlements relatifs à son exécution.

L'amende en cas de *contravention* pour défaut d'affichage, est de 1 fr. à 15 fr., ce qui la fait rentrer dans les attributions du *tribunal de simple police*.

En cas de récidive dans les douze mois à dater de la première condamnation l'amende sera de 16 fr. à 100 fr. Ce taux change la nature de la contravention, laquelle devient un délit qui doit être jugé par le *tribunal de police correction-nelle*.

Faisons remarquer que la loi dit : « En cas de récidive dans la même année... » lire « dans les douze mois ».

Une loi pénale ne peut être étendue, et, bien que la deuxième condamnation ait été prononcée en police correctionnelle, *la récidive* ne serait plus applicable après douze mois écoulés depuis cette deuxième condamnation, et le troisième fait redeviendrait justiciable de la simple police.

Mêmes remarques doivent être faites au sujet de l'art. 14 pour les infractions aux dispositions de l'art. 11, qui ordonne aux patrons de déclarer à la mairie, les accidents survenus dans leurs usines.

Enfin l'art. 463, C. pén., relatif aux circonstances atténuantes, peut être appliqué au défaut de déclaration (art. 11 et 14).

Il ne peut l'être pour le défaut d'affichage, prévu par l'art. 31.

ARTICLE 32.

Certains ouvriers des ateliers de l'Etat avaient déjà leurs indemnités fixées par des lois antérieures. Il n'est pas dérogé à ces lois.

ARTICLES 33 et 34.

Les principaux décrets parus à ce jour, et réglant l'exécution de la présente loi sont :

1º Celui du 28 février 1899, rendu pour l'exécution de l'art. 26 de la loi, et commençant par ces mots : « Tout bénéficiaire... » (V. *Journal des Greffiers*, 1899, p. 132).

Ce décret établit les conditions et les formes dans lesquelles les ouvriers qui n'ont pu se faire servir les indemnités à eux dues par leurs patrons, peuvent en obtenir le paiement par les soins de la Caisse des retraites pour la vieillesse, les moyens de recours de cette Caisse, et l'organisation du fonds de garantie qu'elle doit instituer.

Il établit encore d'une façon très claire toute une procédure qui se déroule devant le maire et devant le juge de paix.

2º Le décret du 28 février, rendu en exécution de l'art 27 de la loi, et commençant par ces mots : « Toutes les sociétés... » est moins important, en ce qui nous concerne, que les deux autres de la même date. Il réglemente les obligations des sociétés d'assurances contre les accidents, mutuelles ou à primes fixes, et l'organisation des syndicats de garantie.

3º Enfin le décret du 28 février, rendu en exécution de

l'art. 28, paragraphe final de la loi, et commençant par :
« Lorsqu'un chef d'entreprise cesse son industrie... » fixe les
moyens par lesquels les pensions dues à l'ouvrier, doivent
lui être garanties, en cas de décès du patron, de faillite de
celui-ci, de cession d'établissement, etc.

4° Le décret du 5 mars 1899 fixe les émoluments alloués
aux greffiers des justices de paix pour l'assistance aux
actes prévus par la présente loi.

5° Le 2° décret du 30 mars fixe les primes à payer par les
ouvriers de certaines industries.

La loi a encore donné lieu à plusieurs autres décrets relatifs aux Compagnies d'assurances.

D'autres décrets annoncés, notamment celui qui doit déterminer les conditions dans lesquelles la présente loi pourra
être appliquée à l'Algérie et aux colonies, n'ont pas encore
été publiés.

Décret du 5 mars 1899.

ÉMOLUMENTS DES GREFFIERS.

Le Président de la République française,

Sur le rapport du Garde des Sceaux, ministre de la justice, .

Vu l'art. 29 de la loi du 9 avril 1898, ainsi conçu :

« Les procès-verbaux, certificats, actes de notoriété, significations, jugements et autres actes faits ou rendus en vertu et pour l'exécution de la présente loi seront délivrés gratuitement, visés pour timbre et enregistrés gratis lorsqu'il y aura lieu à la formalité de l'enregistrement.

« Dans les six mois de la promulgation de la présente loi, un décret déterminera les émoluments des greffiers de justices de paix pour leur assistance et la rédaction des actes de notoriété, procès-verbaux, certificats, significations, jugements, envois de lettres recommandées, extraits, dépôts de la minute d'enquête au greffe, et pour tous les actes nécessités par l'application de la présente loi, ainsi que les frais de transports auprès des victimes et d'enquête sur place » ;

Le Conseil d'Etat entendu,

Décrète :

Art. 1er. — Il est alloué aux greffiers des justices de paix :

1° Pour assistance aux actes de notoriété, 4 fr. ;

2° Pour assistance aux enquêtes sur place, ainsi qu'aux constatations auxquelles il est procédé par le juge de paix, non compris le temps de voyage, pour chaque vacation de trois heures, 4 fr. ;

3° Pour assistance à l'ensemble des opérations prévues par le règlement d'administration publique rendu en exécution de l'art. 26 de la loi du 9 avril 1898, 2 fr. ;

4° Pour chaque envoi de lettre recommandée, déboursés non compris, 50 centimes ;

5° Pour dépôt de rapport d'expert ou de pièces, 2 fr. ;

6° Pour transmission de l'enquête au président du tribunal, tous frais de port compris, 4 fr. :

7° Pour toute mention au répertoire, 10 centimes ;

8° Pour transport à plus de 2 kilomètres du chef-lieu du canton, par kilomètre parcouru, en allant et en revenant, si le transport est effectué par chemin de fer, 20 centimes ; si le transport a eu lieu autrement, 40 centimes.

Art. 2. — Le Garde des Sceaux, ministre de la justice, est chargé de l'exécution du présent décret, qui sera publié au *Journal officiel* et inséré au *Bulletin des lois*.

Nota. — Les autres lois et décrets concernant les responsabilités des accidents ont été publiés dans le *Journal des Greffiers*.

www.ingramcontent.com/pod-product-compliance
Ingram Content Group UK Ltd.
Pitfield, Milton Keynes, MK11 3LW, UK
UKHW022353120726
13694UKWH00005B/1847